AF254087

LA QUESTION SOCIALE

DANS LES

RÉUNIONS PUBLIQUES

REVENDICATION DU PROLÉTAIRE

PAR

ÉDOUARD DE POMPERY

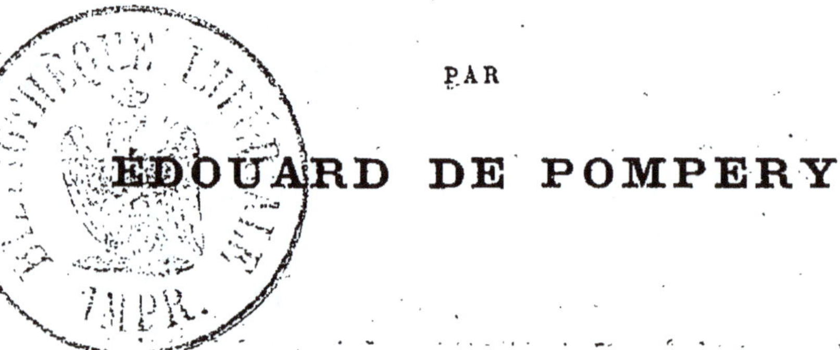

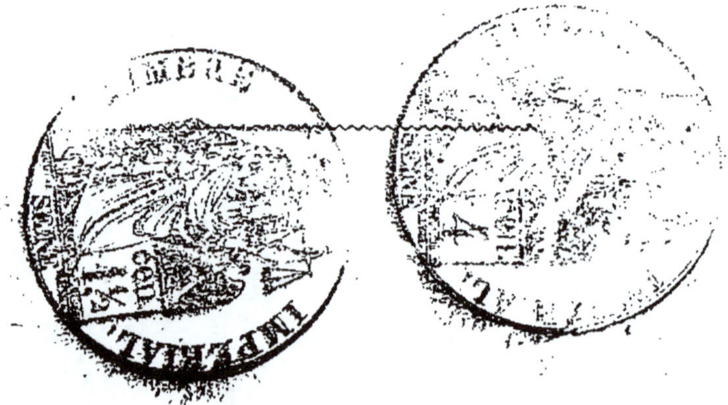

PARIS

(BIBLIOTHÈQUE LIBÉRALE)

LIBRAIRIE DEGORCE-CADOT

RUE BONAPARTE, 70 BIS

—

1869

IMPRIMERIE L. TOINON ET Cᵉ, A SAINT-GERMAIN.

LA REVENDICATION

DU PROLÉTAIRE

I

POSITION DE LA QUESTION.

Depuis l'ouverture des réunions publiques, le journal *le Pays* en donne avec constance une analyse plus ou moins exacte. Il bat le rappel aux oreilles des conservateurs et crie tous les matins : Au feu ! au feu ! la maison brûle ou va brûler.

Sans approuver tout ce qu'on a pu dire dans ces réunions, nous croyons qu'elles sont utiles et qu'elles peuvent le devenir bien davantage. Ces réunions doivent porter un double enseignement : un enseignement pour ceux qui ignorent et qui souffrent, un enseignement pour ceux qui ont charge d'âmes et pourraient l'oublier. Ce n'est pas en se voilant la tête qu'on trouve son chemin, ce n'est pas en faisant le silence sur les problèmes, *toujours posés de l'économie sociale*, qu'on peut en préparer la solution. Si l'on doit faire la part des violences de parole, des déclamations et des récriminations, il est juste aussi de tenir compte des revendications de ceux que le fait social opprime et qui sont les victimes de la force des choses.

D'autre part, s'écrier, dans un paroxysme de rage ou de terreur : *On ne discute pas avec le socialisme, on le supprime,* n'est-ce pas poser le cas de guerre sociale et faire appel à ces autres formules : *liquidation sociale, propriété collective, vivre en travaillant ou mourir en combattant?* Dieu nous garde de ces violences impies, autant qu'elles sont aveugles.

Il faut demeurer dans la raison et s'attacher à la justice. Là seulement se trouve la voie droite, la voie du progrès véritable.

Quoi de plus saint parmi les hommes que la justice, quoi de plus nécessaire que d'en poursuivre chaque jour la recherche et une réalisation plus complète? Contre toutes les défaites et contre toutes les impossibilités du moment, le droit de Spartacus, le droit de John Brown reste entier. Esclave, serf, prolétaire, noir ou blanc, homme, femme, enfant, qui que tu sois et sous quelque forme que tu subisses l'oppression, ta cause doit être la nôtre et nous souffrons avec toi.

Mais il ne suffit pas que la revendication soit légitime, il faut aussi qu'elle soit clairvoyante, qu'elle fasse son profit de l'expérience des faits, attestés par l'histoire. Autrement, la revendication perd de sa valeur, et elle court grand risque de ne provoquer qu'un sanglant et triste avortement. Il n'y en a que trop d'exemples, et ces exemples doivent servir à notre instruction.

L'esclave a eu son jour, le serf a eu son jour, le prolétaire aura le sien. Telle est la révélation de l'histoire, telle est la loi indiscutable du progrès de l'espèce humaine.

Il n'y a ni à s'en étonner, ni à s'en effrayer. Il faut y réfléchir, y penser; il faut préparer l'avénement de ce jour, pour qu'il s'accomplisse, non pas dans un orage, mais régulièrement, comme sort le soleil de la nuit profonde.

Que de longs siècles de souffrances avant que l'esclave devînt serf et le serf prolétaire!... Restait encore une forme de l'inégalité, la naissance. 89 l'emporta d'un coup d'aile, en promulguant la déclaration des droits de l'homme, œuvre immortelle qui mettait un dernier sceau sur le passé. Aujourd'hui, il n'y a plus qu'une seule cause d'inégalité artificielle, le capital, la richesse, la fortune. Par le capital, l'homme s'assure l'instruction, le moyen de travail, la sécurité dans la maladie et la vieillesse, et même le triste droit au repos, *ce bel ennemi de l'homme*, comme dit Pope. Sans le capital, tous ces avantages incalculables sont précaires, chanceux, inaccessibles le plus souvent.

En présence de cette cause artificielle et fortuite d'inégalité, car c'est la société, non la nature, qui fait des riches et des pauvres, comment s'étonnerait-on des attaques théoriques auxquelles la propriété est en butte, des malédictions portées au capital et des amers ricanements que provoque la richesse? Rien de plus concevable. Lazare souffre la soif et la faim, et il implore ou jalouse le mauvais riche: changez les rôles, le mauvais riche serait comme Lazare, et Lazare comme le mauvais riche.

Le Tiers-Etat, ce premier né du prolétariat, est entré dans la cité légale. Il y jouit de tous les droits que possédait autrefois le privilégié, c'est-à-dire l'antique représentant de la conquête ou de la force brutale. On peut dire que le bourgeois est devenu lui-même un privilégié, en ce sens que le capital est aujourd'hui la source unique des inégalités sociales. Les progrès de la sociabilité humaine ont précisément pour objet de faire disparaître toutes les inégalités qui ont marqué les étapes du genre humain, afin qu'il ne reste plus que les différences et les inégalités naturelles, les seules légitimes, irréductibles, et qu'on ne peut confondre avec les inégalités sociales, qu'en abdiquant tout bon sens et toute logique.

Mais voilà le point difficile, la question dans sa simplicité et sa difficulté : Comment le prolétaire pourra-t-il pénétrer dans la cité légale et y jouir de tous les avantages de son frère aîné, le bourgeois? Comment faire pour qu'il puisse prendre aussi sa place au soleil de la civilisation? Son droit est incontestable, mais par quels moyens pourra-t-il l'exercer; le pratiquer?

II

LES RÉUNIONS PUBLIQUES : ASPECT ET DOCTRINES.

Transportons-nous maintenant dans une de ces salles, où le prolétariat tient ses assises. Quel souffle d'ouragan agite cet océan de têtes! Quelles impatiences! quelles colères! quelles plaintes, quelles ironies, quelles menaces, quels appels formidables à la justice! Au milieu de ces cris, de ces interruptions, de ces éclairs, rien de net et de positif qu'une chose, le sentiment du droit. A la surface de ce bouillonnement, une écume chargée de récriminations, de révoltes et de projets plus ou moins extravagants; au fond, une certitude, le droit, la revendication de l'opprimé, revendication sainte, éternelle, jusqu'à ce qu'on y ait satisfait.

C'est par nous qu'il y a des riches, et nous sommes pauvres; nous sommes les producteurs et nous consommons à peine; ces temples, ces palais, ces maisons confortables, c'est nous qui les avons bâtis; ces voitures rapides, élégantes, nous les avons construites; ces étoffes de velours et de soie, ces diamants et ces bijoux sont l'œuvre de nos mains; les aliments variés de vos tables somptueuses, c'est à nos labeurs qu'ils sont dus; artisans du luxe de cette grande capitale, nous vivons dans les privations et la misère : chair à canons, chair à prostitution, chair sacrifiée au travail malsain, homicide, c'est sur notre fumier, sur les couches profondes que nous formons sous vos pieds, que vous, riches, capitalistes, heureux du siècle, vous élevez vos tiges élégantes, épanouissez vos fleurs parfumées et portez des fruits savoureux.

Que répondre? Est-ce que le droit de vivre par son travail n'est pas le premier et le plus saint des droits? Comment le contester? Est-ce qu'en principe les hommes ne sont pas égaux devant la loi commune, devant la loi sociale, base de leur sécurité et de leur union? De quel droit la terre, domaine de l'homme, a-t-elle pu être morcelée et appropriée par quelques-uns? N'avons-nous pas tous un droit égal à une part de soleil et d'air respirable? Oui, à coup sûr, c'est un mauvais spectacle, une odieuse et terrible extrémité que de voir les uns, en petit nombre, mourir de la pléthore du luxe, et les autres, en foule pressée, crever par excès de misère; de voir les uns vivre sans travailler, les autres mourir parce qu'ils travaillent trop ou parce qu'ils manquent de travail.

Mais laissons cette plainte, purement théorique, et écoutons les récriminations des prolétaires eux-mêmes. Voici ce que je relève dans une réunion tenue le 23 janvier. On agitait la question du chômage.

« La bourgeoisie est toute-puissante par la propriété du sol, par le capital et le crédit, elle peut attendre... Les patrons pensent tous bas ou disent entre eux : que nous importe? l'ouvrier n'est qu'un instrument pour nous.

» Le peuple, lui, est trop ignorant, il frémit, il souffre sous le joug de l'ordre social; il souffre longtemps, ses cris de douleur sont sans échos, jusqu'au moment où ils se transforment en cris de rage. S'il réclame trop vivement, il y a des chassepots qui interviennent. En bonne justice, ce devrait être contre les patrons.

» Il faut un remède. Ce remède c'est le communisme, la propriété collective.

» Nous arriverons à constituer la fortune publique autrement qu'elle ne l'est aujourd'hui. Nous ne verrons pas tout aux uns et rien aux autres. D'un côté, des gens qui travaillent, de l'autre, des gens qui ne savent que faire de l'argent qu'ils nous prennent... Nous ne verrons plus la misère et la faim venir frapper à nos portes, nous ne verrons plus traîner dans les rues les prostituées, prostituées titrées ou autres. (Bravos prolongés.)

» Oui, tout cela changera, et pour cela que faut-il? Bien peu de chose! Le vouloir seulement! Il y a en France trois millions d'individus qui détiennent la propriété territoriale ou autre, et les trente-sept millions restants sont entre les mains de ces trois millions... Si nous mettions les trois millions sous la main des trente-sept autres millions, ça vaudrait mieux, n'est-ce pas? Eh bien ! nous le ferons, et pour cela, ce qu'il faut, c'est constituer la propriété collective... Nous ne voulons pas que le travailleur qui rentre chez lui, les bras épuisés de fatigue, ne trouve pas un morceau de viande à manger; nous ne voulons pas que le bien-être soit l'apanage exclusif d'une certaine classe de la société. Le communisme seul peut nous donner ce que nous désirons... Il faudra qu'à notre tour nous venions dire ce qu'ont dit nos pères : *Vivre en travaillant ou mourir en combattant.* »

Le second orateur entendu sur la question n'a pas été moins vif, le lecteur en jugera par quelques-unes de ses paroles,

« Citoyens, il est une bonne conseillère, c'est la faim, la faim qui n'est que le résultat du chômage; cette faim a dit à l'homme : tu vis et tu travailles pour vivre, d'autres ne travaillent pas et ils vivent. Toi, quand tu ne travailles pas, tu ne vis pas! Et pourquoi alors doivent-ils vivre, si je dois mourir? Voilà ce que dit la faim! L'homme à qui elle parle ainsi, un beau jour se lève, car la faim parle plus haut que tous les raisonnements, et alors il prend une arme quelconque et s'en va se faire tuer sur le pavé des faubourgs. »

« La bourgeoisie ! ces ennemis, en 93, ils ont laissé passer un jeune ambitieux, qui recevant la France grande de la Révolution, nous l'a rendue petite et courbée sous la lance du Cosaque! Voilà ce qu'ils ont fait, ces ennemis. En 1830, ils nous ont tendu la main pour se sauver; en février 1848 ils ont fait la même chose; en juin, quand vous avez voulu avoir votre tour, ils vous ont répondu par la mort... L'ouvrier ne peut se sauver que par les mêmes moyens qu'il a employés en 93! »

Un autre orateur, en déclarant qu'il ne fait pas fi de la force, dit que dans le cas présent, la force n'est pas le moyen à employer, bien plus, que la force irait contre le but voulu. Ce n'est point par la violence que l'on parvient à la solution des questions so-

ciales. Cette opinion raisonnable a été mentionnée
par *le Pays*.

On lui répond qu'il faut faire servir la force au
triomphe du droit et l'on rappelle les insurrections
des Pastoureaux et des Jacques, les prédécesseurs des
travailleurs d'aujourd'hui.

III

LÉGITIMITÉ DE LA REVENDICATION

C'est assez de citations ; il est inutile de reproduire
des variations sur ces thèmes toujours les mêmes
et toujours applaudis. En résumé, nous sommes en
face de revendications légitimes au nom de la justice, de récriminations violentes contre la bourgeoisie, de l'exposé de moyens impossibles pour
obvier au mal et finalement d'un appel à la force.

Il convient d'examiner chacun de ces points de la
thèse incessamment débattue ou plutôt acclamée
dans les réunions populaires.

Et d'abord la revendication. Nous en avons admis
la légitimité sans aucun détour. La plainte du prolétaire est la même, sous une autre forme, que la
plainte de l'esclave et du serf. Aujourd'hui, ces der-
niers ayant eu gain de cause, leur revendication
paraît aux yeux de tout le monde équitable et naturelle. Semblable justice ne peut manquer au prolétaire par le bénéfice du temps et le progrès des idées
et des mœurs. C'est une question à résoudre jour à
jour, heure par heure, et tous les développements de
la science et de l'industrie y concourent efficace-
ment.

Mais, autant les revendications faites au nom du
prolétariat sont justes, autant elles sont utiles par
les études qu'elles commandent et par l'incessante
mise à l'ordre du jour des questions les plus essen-
tielles de l'économie sociale ; autant, nous allons le
voir, les récriminations sont folles, autant les moyens
d'y faire droit sont impraticables, et les appels à la

force radicalement impuissants, puérils, et de plus, contraires au succès de la cause de ceux qui ont raison de faire entendre leur plainte.

IV

FOLIE DES RÉCRIMINATIONS

Que valent ces récriminations contre la bourgeoisie? Écraser un bourgeois, c'est écraser un homme qui a le même droit à la vie que celui qui l'écrase. Je sais qu'il y a des bourgeois repus, satisfaits, égoïstes, qui peuvent dire ou penser: Que m'importe l'ouvrier! Mais n'y a-t-il pas aussi des ouvriers égoïstes, injustes, grossiers et encore hélas ! dégradés par la misère? Est-ce que par hasard les ouvriers auraient le monopole de la vertu, du courage, du savoir, de la sagesse, de la générosité et de la bienveillance? Je ne vois des deux côtés que des hommes, *faits de mesme paste et nés à mesme moule*, comme dit Estienne de la Boétie. Changez les rôles; mettez les uns dans la condition des autres, les prolétaires se conduiraient en bourgeois, et les bourgeois agiraient en prolétaires, car tous sont des hommes.

En fait, les bourgeois sont les premiers nés à la vie morale et intellectuelle, et le prolétaire n'est que le frère cadet du bourgeois. Eh! bonnes gens, le monde n'est pas beau assurément, mais le monde du passé, le monde d'il y a cent ans seulement, était mille fois plus abominable que le monde tel qu'il se comporte aujourd'hui. Eh bien, ce monde nouveau, tout plein de bonnes promesses et de grands espoirs, c'est à la bourgeoisie que nous le devons. Ce sont les bourgeois Voltaire, Diderot, d'Alembert, Rousseau, Condorcet, qui ont préparé 89 et fait les hommes de 89. Ce sont les bourgeois Bailly, Lafayette, Mirabeau, et encore les bourgeois Vergniaud, Buzot, Brissot, Roland et toujours les bourgeois Desmoulins, Danton, Robespierre, Carnot qui ont, chacun à leur façon, mis la main à l'œuvre de la Révolution. Marat lui-même, cet épileptique ami du peuple, était un bourgeois peu lettré et peu savant, gonflé d'orgueil, mais un bourgeois; peut-être a-t-il eu son heure et son moment dans cette grande tourmente.

Mais tous les génies, tous les savants, tous les artistes qui ont été les promoteurs du progrès dans la société humaine, étaient des bourgeois, depuis Socrate qui but la ciguë de par l'ordre du peuple d'Athènes jusqu'à Lavoisier, qui mourut sur l'échafaud de par le peuple de Paris. Car, dans les époques d'ignorance, presque toujours l'initiateur est dévoré par les initiés. (Ainsi est-il arrivé à Jean Hus. Voyant tout ce peuple, qui courait avidement à son supplice, le martyr s'écria : *ó sancta simplicitas!* autre variante du mot du grand crucifié : *Mon Père, pardonnez-leur parce qu'ils ne savent ce qu'ils font.*)

Ces récriminations du prolétaire contre son frère aîné sont donc injustes, à les considérer dans leur sens général. Elles seraient une marque d'ingratitude, si elles n'étaient une preuve d'ignorance.

V

LOI ET CONDITIONS DU PROGRÈS

Il faut voir et comprendre autrement les choses. Les conditions du développement de l'humanité nous sont révélées par l'histoire et par les sciences positives. Faible et nu, ignorant et misérable, l'homme a commencé par la brutalité, par l'oppression des faibles, femmes, enfants, vieillards, et des vaincus ; il a dévasté la terre par le pillage, l'incendie, le meurtre et la tuerie en grand, que nous appelons la guerre. Le travail, accompli dans de mauvaises conditions, était une peine si lourde qu'il a revêtu le caractère de châtiment et qu'on a fait d'abord des esclaves, puis des serfs. La théocratie a été le produit de l'imagination enfantine de nos ancêtres, et le despotisme, imitation du pouvoir paternel, la première invention des hommes groupés ensemble, pour assurer un certain ordre et obtenir une sécurité relative.

Telles sont en aperçu les cruelles et longues étapes des sociétés humaines. A mesure qu'un être grandit, il se débarrasse de ses premiers organes, devenus inutiles et qui seraient désormais nuisibles à l'exercice d'une vie plus forte. Ainsi fait l'humanité, elle se débarrasse, chemin faisant, des institutions primitives, organes rudimentaires de ses premiers âges. Elle abolit l'esclavage, le servage, elle répudie la théocratie et rejette le despotisme. Les vieilles réglementations, devenues des entraves, tombent l'une après l'autre. On fait moins mal, puis un peu mieux et l'on avance toujours. Ainsi se manifeste la loi du développement de notre espèce.

Mais il ne faut pas méconnaître notre passé, si horrible qu'il nous paraisse aujourd'hui. L'humanité est partie de bien bas. Il y a loin de la hutte d'un sauvage au palais du Louvre et même au plus modeste de nos logis. Sans l'esclavage et le servage, nous serions morts de faim et de maladie ; la guerre elle-même, la grande infâme ! la guerre a mêlé les peuples en les broyant ; la théocratie, avec son cortége de folles et monstrueuses superstitions, a soutenu et consolé l'enfance de l'homme par des espérances invincibles ; le despotisme, malgré ses horreurs, a contribué à maintenir un certain ordre parmi nous ; la force, cette sœur de l'ignorance, a tenu lieu de droit et de justice. Il n'est que trop vrai que ces dures nécessités ont marqué l'évolution du genre humain.

VI

LES MOYENS. — LE COMMUNISME. — CABET. — L'ÉGALITÉ.

Examinons maintenant la valeur des moyens jetés en avant, pour réaliser la justice et couvrir la nudité originelle et séculaire de Lazare.

Ces moyens sont simples. Ils consistent dans l'abolition de la propriété individuelle, l'établissement de la propriété collective, autrement du communisme le plus absolu. Cette théorie n'est ni neuve ni consolante et remonte presque au déluge. En fait de méthode, le communisme n'est pas le comble de l'art, mais l'enfance de l'art d'associer. Plus le groupe humain est bas placé dans l'échelle de la sociabilité, plus il est près du communisme. Les populations lacustres ont dû présenter un état très-rapproché de cet idéal à rebours, état qui ne constituait à aucun titre *l'âge d'or* de l'humanité. Le communisme n'est pas une synthèse harmonique des éléments du groupe social, c'est un syncrétisme confus, un chaos informe d'où l'homme ne tarde pas à sortir. Jamais le communisme ne s'est établi nulle part avec quelque suite et quelque importance. On n'a jamais retenu les gens sous son joug que par une idée ou contrainte religieuse, comme cela s'est vu chez les Esséniens et les Moraves.

Le père Cabet, en se reportant au christianisme primitif, tournait le dos à la science et à l'avenir. Au reste, s'il fut animé des meilleures intentions, Cabet n'avait aucune valeur scientifique ni économique. Lui-même a dit, dans son almanach Icarien 1848 : « Qu'est-ce que le communisme ? C'est un » système, une science naissante, qui a pour objet » de trouver l'organisation sociale la plus parfaite. » On n'est pas plus naïf. Le communisme, de l'aveu de Cabet, n'est donc pas une science, puisqu'il a pour objet de chercher l'organisation sociale la plus parfaite. Tout infatué de sa conception icarienne, il désirait sans doute le bonheur des hommes, mais il voulait aussi que ce bonheur ne fût réalisé que par lui seul. Beaucoup d'autres lui ressemblent en cela, tant nous sommes faibles et tant est grand notre amour-propre !

Le raisonnement de Cabet était semblable à celui d'Omar, à propos du Coran. Si le travail que vous m'apportez, disait-il, n'est pas conforme à la doctrine, il est dangereux et je le condamne ; s'il est d'accord avec moi, il devient inutile ; propagez *le Populaire*, propagez mes livres, soyez l'écho de ma parole. Nous connaissons encore des témoins qui pourraient attester à quel point était naïve la personnalité de Cabet. Dans ce même almanach, il se laisse dire en vers qu'il est un apôtre aussi pur que le fils de Marie. Son Icarie a fondu au soleil de la libre Amérique, et ce n'est pas dommage.

Il n'en pouvait être différemment. Le communisme a pour principe cette erreur fondamentale de l'égalité des hommes, sous le rapport de leurs facultés naturelles. Cette erreur a évidemment pour cause une réaction contre les inégalités sociales, que l'on trouve à l'origine de toute société humaine. Comme toutes les réactions, celle-ci dépasse le but. Par les progrès de la sociabilité, disparaissent graduellement les inégalités artificielles, dues à la naissance, à la fortune ; et par un juste contraste, plus la société se perfectionne, plus elle met chaque individu à même d'arriver au plein essor de ses facultés. La société favorise l'éclosion des Jacquart et des Watt, des Kepler et des Newton, des Raphaël et des Beethoven. Elle y a le plus grand intérêt. Les seules royautés légitimes sont celles de la beauté et du génie, qui, naturellement acceptées avec enthousiasme, ne font autorité que dans la sphère même où elles concourent au bien de tous, à l'utilité générale. Car, autant les inégalités sociales sont mauvaises, autant sont précieuses les inégalités naturelles.

On a tenté d'établir qu'en principe, sous le rapport des facultés, les hommes naissent égaux. Comme les faits donnaient à cette doctrine les plus cruels démentis, on s'est rejeté sur la fameuse théorie de *l'équivalence des fonctions et des services*. Vouloir qu'Hercule et Thersite, Phidias et le carrier qui lui apporte son marbre, Raphaël et les rapins de son atelier, Beethoven et les copistes de sa musique, Newton et le premier académicien venu, reçoivent des hommes la même part de considération, avec

une portion congrue exactement égale, avec un vête-
ment pareil de forme, de couleur et de dimension,
il faut convenir que c'est là une prétendue règle non
moins étrange qu'impraticable. Ce fut la prétention
extravagante du père Cabet à Nauvoo. On en connaît
les tristes suites.

Si les droits de l'homme ont pour base incontestable l'égalité, la société humaine ne vit et ne pro-
gresse que par l'inégalité des forces et des aptitudes
de ses membres. L'égalité est le fondement de la
justice, et l'inégalité des individus est la cause du
mouvement et de l'harmonie sociales. Tous les
hommes ont un droit égal à l'expansion de leur être,
à l'exercice de leurs facultés ; tous sont doués d'aptitudes différentes et de facultés inégales, voilà la
vérité. Et c'est contre cette vérité d'expérience et de
raison que s'est brisé et que se brisera toujours le
communisme. Ainsi en a-t-il été de la conception
enfantine ou Icarienne du père Cabet.

Le communisme a inscrit sur sa bannière une formule fameuse et qui demeurera, car au fond elle
est d'une incontestable justesse : *de chacun selon ses
forces, à chacun selon ses besoins.* Mais il importe de
raisonner et de passer les choses au creuset de l'analyse. Remarquons tout d'abord que cette formule
n'est que l'énoncé d'un but à atteindre, d'un idéal à
réaliser. Par elle-même, la formule ne contient aucun moyen de réalisation. C'est un simple vœu, un
pur *desideratum,* dont nous nous plaisons à reconnaître la parfaite légitimité.

Mais comment arriver à ce résultat grandiose et
désirable ? comment faire pour que chacun produise
selon ses forces et consomme selon ses besoins ? A
cet égard les orateurs populaires sont muets ou n'ont
rien dit qui vaille. C'est pourtant le point qui importe : c'est le point qui devrait faire l'objet de leurs
études, de leurs recherches, de leurs méditations et
de leurs discours. Il faudrait sans cesse mettre à
l'ordre du jour des réunions populaires : quels sont
les meilleurs moyens d'acheminer la société à ce

que chacun produise selon ses forces et consomme selon ses besoins?

Toute autre question est vaine à côté de celle-là, et, cette question résolue, qui ne voit que le problème social s'y trouve compris tout entier? Avec un peu de réflexion, il est impossible de ne pas reconnaître que c'est précisément en modifiant les conditions du travail qu'on approche de plus en plus du but. La question sociale, on peut le dire, est tout entière contenue dans ce problème : *Transformer le travail-peine en travail-fonction.*

En effet, ce n'est que par l'organisation du travail-fonction, que les facultés industrielles, artistiques et scientifiques de chacun peuvent éclore et se développer normalement; ce n'est que par des fonctions librement acceptées, pratiquées avec ardeur, que l'homme peut atteindre à son *maximum* d'action utile et productive ; ce n'est que par le bien-être et même la richesse, résultant du travail ainsi organisé, qu'il devient possible de réaliser cette partie du programme : *à chacun selon ses besoins.* Enfin ce n'est que par le travail accepté comme une fonction que la contrainte morale et physique cessera de peser sur les hommes, qu'ils pourront réellement vivre en paix et en frères.

VII

LA PROPRIÉTÉ. — LE TRAVAIL.

Attaquer la propriété, rien de plus facile, de plus commun et parfois de mieux porté. Plus les attaques sont violentes, plus elles sont accueillies. Mais, qui veut faire œuvre sérieuse et profitable doit avant tout rechercher si la propriété individuelle n'a pas été à son heure un progrès considérable, et si elle n'est pas encore aujourd'hui une rigoureuse nécessité. C'est ce que nous allons examiner rapidement.

S'il est un droit sacré entre tous, c'est le *droit de vivre*, encore plus le droit de vivre en travaillant; et s'il est quelque chose d'incontestable, c'est que le travail le plus naturel s'exerce immédiatement et directement sur *la terre*. Tous les autres labeurs de l'homme ont pour but le travail de la terre, ou en sont la conséquence. La terre est aussi indispensable à l'homme que l'air, l'eau et le soleil. Ce sont là des richesses naturelles, départies au genre humain tout entier, puisque les hommes ne sauraient exister sans elles. Donc, jamais la terre n'a pu être *légitimement* appropriée par quelques individus.

— Alors que devient la loi ? qu'allez-vous faire du code ? — La loi, je la prends pour ce qu'elle vaut, et je respecte le code, jusqu'à ce que nous en possédions un meilleur. C'est ainsi qu'on s'abrite sous une hutte, en attendant que la maison soit debout. L'homme n'en est pas à sa première charte ni à sa dernière, Dieu merci ! La charte de Moïse, celle de Solon et de Lycurgue, la charte du pieux Numa, toutes ces chartes ont fait leur temps. La nôtre aura bientôt fait le sien. La légalité varie, les chartes s'améliorent ; car, au-dessus d'elles, il existe d'éternels principes de justice, vers lesquels l'humanité s'élève invinciblement, à mesure qu'elle en possède une plus entière conscience. Donc, s'il est bon de respecter les chartes pour leur utilité relative et temporaire, il est encore mieux de ne point mettre en oubli qu'elles ne sont que les degrés du temple de la Justice, degrés que l'humanité gravit péniblement, mais d'un courage indomptable.

C'est ainsi qu'il est facile d'apercevoir la légalité et l'utilité de l'institution de la propriété individuelle, de l'appropriation du sol commun. En effet, celui qui le premier planta sa tente d'une manière fixe, prit la peine d'enclore un champ et de le cultiver ; celui-là marqua l'ère d'une société nouvelle, supérieure à la vie sauvage et nomade ; celui-là fit accomplir à ses semblables un immense progrès. Nous devons saluer en lui l'initiateur des sociétés industrieuses et pacifiques. CE FUT LE PREMIER PROPRIÉTAIRE. La propriété a donc été un moyen de progrès pour l'humanité.

L'histoire et la logique nous obligent à le reconnaître.

Je vais plus loin. Le premier pillard, le premier guerrier, qui, au lieu de tuer les vaincus, de les manger peut-être, après avoir tout détruit par le fer et le feu, le premier guerrier qui en fit des esclaves employés au travail, rendit service au genre humain. Il fut en son genre un homme de progrès, un homme intelligent pour son époque. Cela est incontestable.

Dans l'état actuel des choses, la propriété individuelle est encore une dure nécessité; elle est un résultat de notre imperfection sociale, de notre ignorance des moyens d'associer intimement et fraternellement les hommes. Aujourd'hui, on croit que chaque groupe de famille doit vivre isolément, travailler isolément; aujourd'hui, le travail s'accomplit dans des conditions tellement mauvaises, le travail est une *peine* tellement forte, que jamais on n'aurait pu y contraindre l'homme, si l'on n'avait eu, pour remplacer le fouet du contre-maître à esclave et l'extorsion du seigneur féodal, l'énergique cupidité du petit propriétaire et les exigences du loueur à bail de la terre. Avec la pression de la faim, l'appropriation de la terre est l'aiguillon fatal de l'homme, courbé sous le joug du travail-peine et châtiment. L'homme est sous la loi dure de la contrainte, dont son ignorance lui fait une nécessité.

Décréter l'abolition de la propriété, cela est facile; mais cela ne remédierait en rien à la situation. Si les parts étaient également distribuées à chacun, le lendemain, l'inégalité oppressive reparaîtrait. Pour cultiver avec ensemble le fond, laissé en commun, il faudrait nécessairement une organisation préalable du travail, ayant puissance de transformer le travail-peine en travail-fonction, fonction acceptée parce qu'elle est en rapport avec les facultés de chacun. Sans cela, resterait toujours la nécessité de contraindre l'homme à produire son pain quotidien, à la sueur de son front. Il faudrait des oppresseurs et des opprimés, sous un nouveau nom, toujours des maîtres et des esclaves.

Telle est donc la situation : la propriété individuelle est une injustice au point de vue du droit naturel ; mais elle est *un fait légal*, qui a marqué un progrès pour l'espèce et qui est encore nécessaire, puisque le travail est une *peine* et un *châtiment* (suivant les expressions de la Bible).

VIII

LE MOUVEMENT MODERNE.

Mais l'humanité ne s'arrête pas en chemin. Si elle a d'abord vécu en sauvage, puis en nomade, puis sous la loi dure de l'appropriation et du morcellement de la terre, elle s'avance aujourd'hui vers un autre régime, plus favorable à la vie de l'espèce. Nous en voyons plus d'un symptôme éclatant.

Et d'abord, comment ne pas être frappé de la puissance des moyens de locomotion et de circulation dont nous jouissons aujourd'hui. Pour la pensée, on peut dire que la distance est supprimée, grâce à la télégraphie électrique. De même encore, par l'imprimerie, la pensée a vaincu le temps. Entre les hommes, entre les choses, la distance devient chaque jour plus petite. La distance, c'est l'ennemi, l'ennemi positif dont il fallait que le génie de l'homme triomphât à tout prix. L'homme a commencé de vaincre le temps et l'espace ; et certainement la vapeur, l'électricité n'ont pas dit leur dernier mot. Par la circulation facile, les choses et les produits, devenus mobiles, se trouvent en tous lieux à la portée de tout le monde ; par la locomotion rapide, les hommes se touchent et se donnent la main d'un pôle à l'autre. Ces faits sont considérables, et nous poussent aux plus heureuses conséquences.

D'autre part, la science grandissante et qui de nos jours a fait des pas de géant, la science donne à l'industrie humaine une puissance incalculable.

L'outillage moderne est transformé. James Watt, Jacquart, Ackwrigtt, Mathieu de Dombasle, etc., ont centuplé les forces de l'homme dans toutes les directions.

La science appliquée à l'industrie a conduit à la division du travail en minimes fonctions pour l'homme, en opérations très-simples pour les choses. De là des avantages considérables : perfection de la main-d'œuvre, rapidité d'exécution, économie et bon marché, apprentissage facile, possibilité d'exercer plusieurs parties de métiers différents.

La circulation rapide, la puissance des moteurs et de la mécanique ont rendu possible la création de la grande industrie. La grande industrie, à son tour, a eu pour effet de développer l'association des capitaux, même les plus petits et de donner naissance à une nouvelle nature de propriété, *la propriété mobilière et actionnaire*. Tout le monde connaît l'importance de la nouvelle venue, qui balance par sa grandeur l'ancienne forme de la propriété, la propriété immobilière.

La révolution de 89 avait morcelé le sol et éparpillé la terre entre les mains du peuple, comme elle fractionna les fortunes par la suppression du droit d'aînesse. Le sol morcelé devient lui-même mobilisable, et d'autant plus que les faits que nous venons d'exposer sont favorables à cette mobilisation. Il est évident que *la propriété actionnaire* tend à se substituer à la propriété féodale, traditionnelle, immuable. Ce phénomène est visible et peut se passer de démonstration en forme.

Voilà mille et mille routes nouvelles, pour rendre la propriété accessible au travailleur, au prolétaire.

L'homme se développe sous l'empire de la nécessité et marche vers la justice, à laquelle il aspire sans cesse. *Nécessité fait loi, nécessité n'a pas de loi*, ces axiomes courants expriment un fait : c'est que l'homme a commencé par la faiblesse, l'ignorance, la misère et toutes les horreurs qui en sont la conséquence. Ce n'est que par l'accroissement de ses lumières, le développement de ses forces morales, par la puissance de son activité créatrice, par l'universalisation du bien-être et même de la richesse, que l'homme, échappant à la loi dure de la nécessité, pourra s'élever à la justice et réaliser la fraternité.

Faisons-le entrevoir en insistant sur un point que nous avons déjà touché. La question de la propriété est liée à la question du travail, question nullement abordée par les orateurs, parlant au nom des prolétaires. Pourtant la question les touche directement, et en outre elle se pose comme la question fondamentale de toute société, ayant la prétention de vivre en paix et dans la justice.

IX

LE TRAVAIL-PEINE, LE TRAVAIL-FONCTION.

Qui n'a cent fois entendu et qui n'entend tous les jours s'échapper de la bouche de son voisin des exclamations comme celles-ci : *Ah ! si j'avais des rentes ! Ah ! si j'étais libre ! Ah ! si je pouvais me retirer des affaires et prendre ma retraite ! Ah ! quand pourrai-je me reposer ! Ah ! si je pouvais vivre tranquille, sans rien faire et sans souci du lendemain !*

Il est inutile de continuer cette litanie bien connue et bien vieille. Mais que signifie-t-elle, sinon que chacun à la ronde maudit le travail et ne songe qu'à échapper à sa loi, insupportable autant qu'impérieuse.

Qu'est-ce donc que représente ce mot, TRAVAIL ? N'y a-t-il pas là une énigme ? Les hommes maudissent le travail et ne peuvent s'en passer. Il a été frappé d'anathème par les légendes religieuses de tous les peuples, déclaré infâme et avilissant par les plus grands philosophes de l'antiquité. Et jusqu'ici, en effet, le travail a été imposé à l'homme dans des conditions tellement mauvaises (et lui-même, émergeant de la vie insouciante du sauvage y était si peu propre) que pour obtenir qu'il travaillât, il a été nécessaire de faire de l'homme un esclave, un serf, un prolétaire aiguillonné par la faim.

Tu mangeras ton pain à la sueur de ton front, telle est l'antique malédiction, analogue à celle du Peau-Rouge : *Puisses-tu être condamné à labourer un champ!* Et réellement, dans l'histoire des sociétés humaines, le travail ne semble-t-il pas peser sur l'homme comme une déchéance et une condamnation, une souffrance et un anathème. Le travail ayant pour parrains l'esclavage, le servage et le prolétariat, cet odieux cortége de misères était bien fait pour le frapper d'une souillure ineffaçable.

Cependant, allons au fond de la question du travail, reprenons-la à sa racine et dans son ensemble.

Qu'est-ce que travailler, sinon faire usage de ses facultés, faire emploi de ses forces, sinon, pour tout dire d'un mot, agir, se manifester comme un être vivant? Mais, si cet usage est naturel, si cet emploi est normal, non-seulement l'être ne doit point souffrir, mais, au contraire, il ressent la vie dans toute son intensité et jouit du bonheur compatible avec sa condition. Être actif conformément à la loi de sa nature, il est clair qu'il ne saurait y avoir une autre définition rationnelle du travail. Toute la question du travail se réduit donc à ce point fondamental : *faire en sorte que l'emploi des forces naturelles de l'homme soit normal.*

Agir, faire œuvre utile, créatrice, est tellement le vœu intime de l'être vivant que nous allons voir que, sans ce besoin primitif, la faim elle-même eût été impuissante à soutenir l'homme dans son pénible labeur.

Que l'on me cite un travail, si terrible qu'il soit dans son exercice et ses conséquences, un travail mettant l'humanité en coupe réglée; si ce labeur présente un salaire assuré, régulier, qu'importe, il trouvera cent bras pour un. A peine un travailleur tombe-t-il dans les rangs, vingt autres attendent là pour prendre sa place et faire face au monstre, sous la pression suprême de la faim.

Je n'invente point et ne ferai pas de sensiblerie.

Il ne tiendrait qu'à moi de m'étendre sur la condition des mineurs, sur celle des ouvriers travaillant le blanc de plomb, sur les polisseurs de cristal, sur les verriers, dont la vie se termine au plus de 40 à 45 ans.

Il est cent professions dangereuses, malsaines, dégoûtantes, abrégeant la vie ; et toutes recrutent des bras vaillants, toutes lèvent l'impôt du sang sur l'humanité, avec plus de facilité que ne le fait le ministre de la guerre, armé de la toute-puissance des lois.

Comment cela serait-il possible, sans cette terrible et suprême nécessité, la faim ?

Et maintenant, j'ajoute, comment l'homme pourrait-il accepter le travail dans des conditions aussi contraires à sa nature, s'il n'était animé d'un invincible besoin d'activité ?

Il serait impossible de comprendre que l'homme pût se soumettre à la torture du travail, tel qu'il lui a été généralement imposé, si, de par la nature intime de son être, il n'était destiné à être toujours actif et toujours vivant par l'expansion de ses forces.

Jamais l'homme n'eût pu se plier au travail forcé, s'il n'avait été créé pour le travail normal conforme à la nature de son être.

Donc, la faim, cette cruelle initiatrice des sociétés humaines, la faim elle-même, quand elle nous presse de sa main de fer, nous atteste avec force que le *travail-peine* est fondé sur le *travail-fonction*, destinée naturelle de l'homme.

X

BONHEUR ET TRAVAIL

Faire en sorte que l'emploi des forces naturelles de l'homme soit normal. — Voilà le problème du travail au point de vue social. Il est encore le même au point de vue individuel. En effet, le problème le plus difficile pour chacun de nous, celui dont la solution importe le plus pour notre bonheur, ce n'est ni de nous enrichir, ni d'arriver aux honneurs et à la gloire, — toutes choses qui laissent souvent l'âme vide aussi bien que les bras inoccupés, — c'est de parvenir à nous créer une sphère d'action, c'est de trouver l'emploi de nos forces et l'exercice de nos facultés créatrices.

Cela ressort vivement d'une courte comparaison entre le sort de l'oisif riche, entouré de toutes les joies du luxe, et celui du travailleur vivant au jour le jour de l'œuvre de ses mains. Bien que ces situations soient extrêmes, elles ne laissent pas que de faire la lumière sur la question.

Chez le riche, le désir est émoussé par la facilité de la satisfaction, la santé est chancelante parce que la dépense de force n'est pas en rapport avec la bonne chère. De là des maladies spéciales à cette classe d'individus. L'ennui et le vide de l'âme tiennent lieu du sentiment intime et vivifiant qui accompagne tout acte créateur.

Au contraire, le plus humble travailleur jouit ordinairement de la santé. Il n'a pas de maux de nerfs et ne sent pas son estomac. L'appétit, sans lequel l'ambroisie céleste n'aurait aucune saveur, ne lui manque jamais. Le travailleur ne connaît ni l'ennui, ni l'abattement, ni le vide de l'âme. La sienne est toute pleine des nécessités de l'action, du but à atteindre et du sentiment de satisfaction qui résulte de tout acte utile.

Lequel est le plus heureux de l'oisif ou du travailleur?

Le travail a été maudit, il doit être glorifié. Le travail maudit, c'est le passé; le travail glorifié, c'est l'avenir, et même déjà un peu le présent.

Car, ainsi que l'a remarqué Montaigne, avec un sens profond : « La nature a maternellement observé » cela, que les actions qu'elle nous a enjointes pour » notre besoing, nous fussent aussi voluptueuses. »

Je ne puis donner, en passant, que quelques courtes indications sur la voie où se trouve la solution des problèmes posés par le prolétariat. Le communisme est une folie chimérique et rétrograde. L'association, de plus en plus intelligemment pratiquée, voilà la vérité. Mais l'association ne sera complète et ne pourra produire tous ses effets que par une organisation du travail, conforme à la nature humaine, par conséquent acceptée par l'homme comme sa fonction naturelle, et le plaçant ainsi, à l'égard de ses semblables, dans des conditions de paix; en ce qui le touche lui-même, dans les seules conditions de bonheur possibles en ce monde.

Ce n'est point ici le lieu de m'étendre sur cette matière importante. Ceux qui cherchent de bonne foi trouveront. Quant aux autres, il y a mieux à faire que de donner un nouveau texte à leurs vaines paroles, à leurs stériles discussions. Le salut est de ce côté, non ailleurs.

XI

93 ET 48, DE L'APPEL A LA FORCE

Les appels à la force, les allusions à 93 et à juin 48, les paroles qui éveillent la haine et la vengeance, qui tendent à faire des frères ennemis des hommes destinés à s'entendre, tout cela est aussi malsain, rétrograde et faux que les doctrines du journal *le Pays*, résumées dans cet axiome : *On ne discute pas le socialisme, on le supprime.* Cette glorification de la force, c'est le maintien dans les sociétés humaines de la vieille ennemie de la justice, de l'antique adversaire du droit. Si l'on peut dire, l'histoire à la main, que jusqu'ici la force presque toujours et la ruse quelquefois ont été les maîtres du monde, et ont servi d'instruments pour gouverner les hommes, cette doctrine peut être facilement réduite à l'absurde et mise à nu et à néant.

Autant on ferait preuve d'ignorance en niant la force

comme fait historique, autant il serait insensé, impie, de la soutenir comme un droit. Vous m'avez opprimé parce que vous étiez le plus fort, je vous opprime à mon tour parce que je le suis devenu. Il n'y a là que des faits, point de droits. Ces deux mots hurlent de se voir accouplés. Chacun perdant son droit quand il perd sa force, on voit de suite que les deux termes, en cette occasion, se réduisent à un seul, la force.

Ceux qui invoquent la force oublient que la force est aveugle, qu'elle défait le lendemain ce qu'elle a fait la veille, et que le plus souvent elle n'élève une idole que pour la briser. Rienzi, Barnewelt, Jean de Witt, etc., en sont de mémorables exemples.

La France, dans une tempête suprême et formidable, où s'abîmait le passé et d'où devait surgir une société nouvelle, la France a produit 93. Et 93, dans un paroxysme de fureur aveugle, a dévoré amis et ennemis. On n'est pas plus honnête que le modeste et savant Bailly. Un jour, la postérité, jugeant les hommes en dehors du succès et du prestige de la fausse gloire, surtout de la gloire des armes, la postérité placera Lafayette, comme valeur morale et comme dévouement à la sainte cause de la justice, auprès de Franklin et de Washington.

Juin 48 a été un horrible malentendu, comme il en surgit dans les convulsions sociales. Une situation fausse, des souffrances et des misères réelles constituaient le fonds de ce mouvement; ce fonds fut perfidement exploité par les intrigues des partis et les menées des ambitieux. Que pouvait-il sortir de cette confusion où des hommes tels que le colonel Guinard et mon ami de Flotte se trouvaient dans des rangs opposés et auraient pu, sans se démentir, changer de rôle par le hasard des circonstances, où les plus honnêtes et les plus dévoués se sentaient hésitants et le cœur coupé en deux? De cette lutte ténébreuse il ne pouvait sortir qu'un abîme de sang, de ruines, de malheurs de tout genre, pour créer des obstacles au progrès social. L'expérience ne l'a que trop confirmé. Les insurgés de juin n'avaient ni plan, ni idées, et n'auraient pu établir un gouvernement. S'ils eussent été momentanément maîtres de Paris, il y aurait eu plus de sang versé, plus de ruines et plus de crimes, par la prolongation de la lutte. Mais la masse de la nation, sous l'influence du passé, sous la pression de la nécessité, eût comprimé cette explosion. Détournons les yeux de ce lamentable spectacle, dont il ne faut évoquer le souvenir que pour s'instruire et mieux comprendre les choses.

XII

CE QU'IL FAUT PRÊCHER. — OU EST PRATIQUEMENT LE BIEN

Revenons au présent. Il faut être pratique et ne pas prendre les vessies pour des lanternes. Heureusement notre époque s'attache de plus en plus à l'esprit positif. On ne veut plus s'égarer à la suite d'une hypothèse, sur la foi d'un voyant ou d'un mystique. On ne croit plus aux alouettes tombant toutes rôties dans des bouches affamées, sur la parole d'un orateur en délire. On sait bien que trois mois de misère au service de la république ne peuvent, hélas! suffire pour la solution définitive du problème social. Les orateurs des réunions publiques feront sagement de se montrer pratiques et de se placer sur le terrain solide des études positives en science sociale. Le sentiment a du bon, mais il faut encore autre chose pour résoudre des problèmes d'économie politique. Et par exemple, la première condition, pour raisonner des améliorations à apporter à la société, n'est-elle pas de tenir un juste compte de l'état intellectuel, moral et industriel des peuples? Chaque problème ne varie-t-il pas selon l'état de l'instruction, des mœurs, de la propriété territoriale, des conditions de travail, de climat, etc.? Et n'y a-t-il pas beaucoup d'inexpérience à jeter de but en blanc, un système ou simplement une idée, à la tête d'un peuple, sans s'être au préalable bien fixé sur les conditions dont nous parlons?

Je passe à un exemple. Je suppose que le communisme soit aussi vrai qu'il est faux, aussi vrai que cette bonne grosse vérité, aujourd'hui hors de contestation : *tous les hommes sont égaux devant la loi.*

Je suppose que nos orateurs des réunions publiques veuillent rallier au communisme la masse du peuple, car ils ne peuvent faire triompher leur vérité qu'à ce prix. C'est en pareil cas surtout que le suffrage universel devient indispensable, car il s'agit d'une chose qui touche chacun au vif et à coup sûr le fera crier. Comment ne voit-on pas que la masse du peuple est hors d'état de comprendre un système d'idées qui embrasserait l'ensemble des relations sociales, dans leur multiplicité et leur unité. Le peuple français, empêché par son ignorance et sa dépendance matérielle, serait inévitablement conduit et dominé par ceux qui représentent le passé religieux, social et économique de notre pays. Les orateurs ne recruteraient pas dans les masses beaucoup d'apôtres et de martyrs. Et qu'adviendrait-il de ceux qui se seraient laissé entraîner à leur parole enflammée? Rappelons-nous l'histoire des Pastoureaux et des Jacques.

Les nouveaux Jacques seraient finalement détruits par quelque Captal de Buch, un sabreur moderne, au nom et pour le compte du grand nombre, hors d'état d'entendre la vérité nouvelle. Ils seraient vaincus, comme le fut l'héroïque Spartacus, mal obéi des siens.

Mais tel n'est pas le cas du communisme, qui n'est pas une vérité. Il ferait beau venir le prêcher aux petits propriétaires, paysans et ouvriers de tout genre! Quel succès! et comme les orateurs seraient accueillis avec leurs belles promesses ! L'homme qui tient un peu de terre et la cultivé de ses mains lâcherait cette proie, tant convoitée, tant aimée, pour l'ombre que l'on ferait danser devant lui !!!

Il donnerait plutôt sa part de paradis que son lopin de terre. Les prêcheurs en verraient de belles, et leurs discours leur rentreraient bientôt au ventre, en compagnie de fourches, de pieux, de pioches, de masses et de faux. La folie du communisme n'entrera jamais dans ces têtes-là. A cet égard il n'y a rien à craindre, et les grands propriétaires, en petit nombre en France, peuvent être rassurés, parce qu'ils font cause commune avec l'immense majorité des petits propriétaires.

Le communisme n'aurait pas contre lui la raison, la vérité et la justice, qu'il aurait cette impossibilité radicale et matérielle.

Prêcher l'erreur, pour saisir le pouvoir par la force, est impossible; prêcher la vérité, pour que la vérité devienne la loi, est difficile. Ce n'est pas en un jour qu'on viendra à bout de la faire comprendre et accepter.

Prêcher la vérité, là pourtant est l'unique moyen d'être fort, et de faire en sorte que la loi nouvelle soit acceptée, parce que chacun comprend qu'elle est favorable à tous.

Orateurs populaires, prêchez donc la vérité, qui n'est pas le communisme, mais tout le contraire : le respect de chaque individu, le respect du droit en tous et en chacun, le respect de la vie humaine, le respect de la propriété, le respect de ce qui est juste et enfin la recherche des moyens de rendre chaque jour, plus intime et plus complète, l'association de tous les citoyens, association qui n'est encore qu'une ébauche, assez mal réussie.

Ce n'est pas à la force qu'il faut en appeler. Les invocations à la force sont impies, et heureusement commencent à n'être plus de notre époque. C'est la science qu'il faut invoquer, c'est elle qu'il faut appeler, c'est à elle qu'il faut dresser un autel en son âme et des temples sur nos places publiques. Avec la science, tout est possible, et sans elle, eût-on la force d'Hercule, rien de juste, rien de durable ne saurait être établi.

Ah ! si le roi le savait ? Aujourd'hui, c'est le peuple

qui est roi ; d'après notre constitution politique, lui seul est le souverain. Il faut donc qu'il apprenne, qu'il se fasse savant. Toute la question est là, car, dès que le roi saura, le seul maître, le vrai maître, réalisera le bien de tous, autant vaut dire son bien à lui-même.

Le prolétaire est le nombre, c'est-à-dire la force aveugle. Qu'il soit la science, c'est-à-dire la force devenue intelligente et morale, et la société, dans l'ordre et la paix, marchera de progrès en progrès. Plus besoin de violence et de coups de force. Le peuple n'a qu'à se lever et à manifester sa volonté. Qui pourrait lui résister ? Aujourd'hui même, si le peuple savait, n'a-t-il pas son sort entre les mains, n'est-il pas le maître ? Où sont ses chaînes ? Hélas ! elles ne sont que trop visibles ; c'est son ignorance, son incapacité, son insuffisance pour sa fonction de souverain.

A l'école ! à l'école ! voilà le mot d'ordre pour tous et pour chacun.

La voix du peuple devient aujourd'hui la voix de Dieu.

Puisque le peuple est roi, il faut qu'il soit digne de sa fonction, et c'est à lui qu'il faut crier : *Et nunc, erudimini, intelligite, vos qui judicatis terram.*

Sacrifie à la canaille, ô poëte ! Sacrifie-lui, s'il le faut et quand il le faut, ton repos, ta fortune, ta joie, ta patrie, ta liberté, la vie. La canaille, c'est le genre humain dans la misère. La canaille, c'est le commencement douloureux du peuple. La canaille, c'est la grande victime des ténèbres. Sacrifie-lui ! sacrifie-toi !... Reçois sa plainte, écoute-la sur ses fautes et sur les fautes d'autrui. Tends-lui l'oreille, la main, les bras, le cœur. Fais tout pour elle, hormis le mal. Hélas ! elle souffre tant et elle ne sait rien.

Tiens ton livre tout grand ouvert. Sois là, attentif, vigilant, bon, fidèle, humble. Allume les cerveaux, enflamme les âmes, éteins les égoïsmes, donne l'exemple, enseigne ! rayonne ! Ils ont besoin de toi, tu es leur grande soif. Apprendre est le premier pas, vivre n'est que le second.

Je suis le valet de ma conscience; elle me sonne, j'arrive. Va! je vais. Que voulez-vous de moi, ô Vérité, seule majesté de ce monde! Que chacun sente en soi la hâte du bien faire.... que personne ne s'attarde. La souffrance perd ses forces pendant vos lenteurs... Qu'on prenne de la peine pour le salut de tous, et qu'on s'y précipite, et qu'on s'y essouffle.... Qu'attendez-vous? Qui vous arrête? Ah! il y a des heures où il semble que l'on voudrait entendre les pierres murmurer contre les lenteurs de l'homme.

Aujourd'hui, pour toute la terre, la France s'appelle Révolution; et désormais un mot, Révolution, sera le nom de la civilisation, jusqu'à ce qu'il soit remplacé par le mot Harmonie.... oui, tous tant que nous sommes, grands et petits, oui, pour être frères du misérable, du serf, du fellah, du prolétaire, du déshérité, de l'exploité, du trahi, du vaincu, du vendu, de l'enchaîné, de la prostituée, du forçat, de l'ignorant, du sauvage, de l'esclave, du nègre, du condamné et du damné, oui, nous sommes tes fils, Révolution!...

(VICTOR HUGO, sur Shakespeare.)

RÉSUMÉ

L'esclave a eu son jour, le serf a eu son jour, le prolétaire aura le sien. C'est la leçon de l'histoire.

Contre toutes les défaites, contre toutes les impossibilités du moment, le droit de Spartacus, le droit de John Brown, le droit de Jacques Bonhomme reste entier.

Le communisme n'est pas le comble de l'art d'associer les hommes, il en est l'enfance. Icarie signifie témérité, folie, et non sans motifs.

De chacun selon ses forces, à chacun selon ses besoins. Cette formule, inscrite sur la bannière du communisme, exprime une aspiration juste. Mais il ne faut pas s'y tromper, c'est là un but à atteindre, et la formule ne peut tenir lieu d'un moyen, d'une solution du problème.

Le problème social ne sera définitivement résolu que par la transformation du *travail-peine* en *travail-fonction*, librement accepté.

La propriété privée constitue une phase nécessaire et progressive de l'évolution des sociétés humaines.

La propriété n'est pas le vol, comme la paternité n'est pas le droit de vendre et de tuer son enfant, droit qui était celui des anciens Romains et des patriarches.

Plus il y a de sécurité sociale, plus il y a de capitaux et plus l'intérêt de l'argent et le loyer des choses diminuent, et encore plus s'accroît le travail et plus s'élève sa rémunération.

La question de la propriété privée est liée à la question du travail.

La propriété est d'autant plus murée et plus âpre que le travail est plus pénible, plus dégradant, plus inefficace et moins rémunéré.

Avec le travail de l'esclave et du serf, avec celui du prolétaire, l'effort de l'activité humaine est faible ; avec le travail coopératif, en participation, l'action de l'homme commence à devenir puissante ; elle atteint son maximum d'effet utile par l'association, basée sur le *travail-fonction*, et point sur le *travail-peine*, châtiment de l'homme.

L'appel à la force est folie ou crime. Quand le fort n'est que fort, rien n'est changé, la violence et l'injustice président toujours aux relations sociales. Quand le fort est intelligent, il n'a qu'à lever la main ou plutôt il n'a qu'à dire : je veux ; alors seulement il y a ordre et justice pour tous.

FIN